sudabeh mohafez

das zehn-zeilen-buch

edition AZUR

die arbeit an den in diesem buch versammelten texten wurde unterstützt durch ein aufenthaltsstipendium im stuttgarter schriftstellerhaus.

---

das zehn zeilen buch

von Sudabeh Mohafez

Liebe Luth?
Toll war's + so viel
Anteil + lachen +
so viel frohes Bughalten ☺
Danke von Herzen!
Sudabeh
03/2018

edition AZUR

inhalt

nike
und
marlene
anouk
ananda

───────────────────

1

herr v kommt vorbei

»das ist unmöglich!« herr v schüttelt den kopf und stellt einen strauß calla in die vase. mit kolibris kenne ich mich nicht aus, tatsache aber ist, daß der winzige vogel auf meinem alten ohrensessel sitzt und munter vor sich hin tschilpt, weswegen ich herrn v's aussage einigermaßen unsachlich finde. »es ist viel zu kalt in dieser klimazone«, erklärt er unbeirrt, und ich nicke mehrmals entschieden. »für kolibris!« schiebt er ärgerlich hinterher. »erst war er in meinem traum«, erinnre ich ihn, »dann saß er da.« der kolibri piepst leise, flattert auf und trinkt aus einer calla. »sie scheint ihm zu schmecken«, sagt herr v zufrieden. »das ist gut«, antworte ich, weil ich hoffe, daß der kolibri noch eine weile bleibt. seit er hier lebt, kommt herr v nämlich jeden tag mit einem strauß blumen bei mir vorbei.

lanzelot: berlin-neukölln

flirrt über den boden: libellenschnelles räderrattern über groben asphalt. und trägt knieschoner und helm und t-shirt – schwarz, xxl, mit reznor-konterfei – und stürzt nicht. stürzt überhaupt nie. und weit gespreizte arme und wind und angewinkelte arme und sonne, und dreht sich hoch überm boden einmal um die eigene achse, und landet hinterm abgrund auf der anderen rampe, und lehnt sich zurück, kurz, sehr kurz, und hält die knie gebeugt, und richtet sich auf, und saust, braust ins tal, betontal, und hinten wieder hoch, und steht plötzlich still: als wär nie bewegung gewesen. und das fieberglas in der hand jetzt: als wär's nie unter füßen gewesen. und sieht sich um, lächelt. und sein name sei lanzelot. und sein name sei robin. und sein name sei nizam aus dem fünften stock in der herrnhuter straße drei.

vorerst verschwunden

es schneite dicke flocken vom hellgrauen himmel. mit angezogenen knien saß mira auf dem fensterbrett, kaute an den fingernägeln und blickte mißmutig auf das grünbraune dickicht in den höfen. dann betrachtete sie das bilderbuch-hafte treiben des schnees vor den dächern der häuser gegenüber und schließ-lich wieder ihre fingernägel. alles war, wie es sein sollte. die wohnung still, das handy ausgeschaltet, seit stunden keine einzige e-mail, das abendessen vor-gekocht, kurz: der ganze tag gehörte ihr. aber obwohl mira eindeutig mitten in üppigster schreibzeit saß, murmelte sie nur immer wieder: verfluchtes, zehnmal verfluchtes miststück! gestern nämlich war ihre hauptfigur ausgebüchst und machte sich, wie es schien, einen spaß daraus, vorerst verschwunden zu bleiben.

rote hunde
(für sturznest)

wir dachten, der rote hund sei ein geprügelter. also begegneten wir ihm mit über-
triebener vorsicht, einer gehörigen portion mitleid und freundlicher hilfsbereit-
schaft. er zog sich zurück. da er nur kurz aufgetaucht war, vermißten wir ihn nicht
sonderlich, blieben nur mit einem schalen geschmack in den mündern zurück und
versuchten ihn schnell wieder zu vergessen. eines tages trafen wir ihn am dorf-
ausgang vor einer hölzernen hütte wieder. neben ihm saß eine frau. die beiden
schienen sich wortlos zu unterhalten. wir luden sie in unsere häuser ein. der rote
hund gähnte halbherzig, die frau schüttelte freundlich den kopf. am nächsten
tag waren sie verschwunden. rote hunde, sagen wir seither, wenn scheue wesen
unser dorf besuchen, brauchen zeit und gespräche, rettung brauchen sie selten.

5

unmöglich
(hommage an gertrude stein)

es ist natürlich vollkommen unmöglich über den mond zu schreiben. der
mond gehört den vampiren den fledermäusen den dieben und der angst.
außerdem gehört er den entflammten den getrennten den reisenden den
schwülstigen schließlich einigen sehr schönen volksliedern. und wegen all
dieses gehörens des mondes ist es natürlich vollkommen unmöglich über
den mond zu schreiben. denn wegen all dieses gehörens des mondes gibt es
natürlich überhaupt nichts mehr über den mond zu sagen das nicht ein dieb-
stahl wäre was aber vollkommen unmöglich ist denn der mond ist vollkommen
unstehlbar weswegen auch alles was über ihn zu sagen ist vollkommen unstehlbar ist. und ganz und gar genauso verhält sich all das auch mit der liebe.

bandoneon

die uhr tickt stetig. in ihren leisen marsch mischt sich das klicken der stricknadeln, das schaben der wolle an wenckes schwieligen händen, das knistern der plastiktüte, wenn sie den faden nachzieht. sie lauscht, sortiert gedanken. malte ist heimgekehrt. mitten in der nacht stand er vor der tür, klopfte nicht, stierte nur vor sich hin. davon muß ich aufgewacht sein, denkt sie, von seinem stehen und stieren vor der tür. niemand rechnete damit, ihn je wiederzusehen: von dort, wo er gewesen ist, kam bisher keiner zurück. er ließ sich nicht umarmen, ging einfach an ihr vorbei zum sofa, legte sich hin und schlief. gegen mittag holte er ein uraltes bandoneon aus seinem seesack und verschwand in der kirche nebenan. seit stunden spielt er dort. hoffentlich, denkt wencke, findet er jemanden, dem er alles erzählen kann. nur mir nicht. bitte nicht mir.

alleinsamkeit
(für tanzbär, mauzn und
wombat)

jede insel ist einzigartig, und jeder von uns besitzt eine insel. in ihrem gesamten leben verbringen manche von uns nur einen einzigen tag oder sogar nur wenige stunden auf ihr. andere verweilen wochenlang dort, selbst monate, die wenigsten ganze jahre. keine von ihnen gleicht einer anderen, außer in dem einen punkt, daß jede ein eiland ist, umgeben von endlosem wogen: alleinsamkeitsorte. manche sind dennoch auf eigentümliche art vielbevölkert, keine ist wirklich beschreibbar. nur eines steht fest: wenn wir auf unsere inseln reisen, wissen wir vorher nie, was dort geschehen wird, was uns begegnen wird oder wer. wir wissen nicht, wer wir sein werden, wenn wir dort sind, und wer, wenn wir wiederkehren aufs festland. und auch die, die wir zurücklassen an land, wissen es nicht. an dem tag aber, an dem wir heimkehren zu ihnen, bringen wir unseren wahren namen mit.

offenbarung

der ort ihrer herkunft offenbarte sich ihr in den augen des italieners, der sie sehr freundlich ansah und sehr freundlich sagte, sie tränke – und tatsächlich hatte sie es an diesem abend so gehalten – sicher keinen alkohol. in seinen augen: absolute gewissheit. in ihren augen: verwirrung. es hatte ihr der sinn nach kaffee und wasser gestanden heute abend. als verwirrungsgegenmaßnahme stopfte sie sich von der jägerplatte ein stück rauchschinken in den mund. da geschah es: der ort ihrer herkunft offenbarte sich ihr in seinen augen, nämlich: in seinen erstaunten augen. der grund, aus dem er gewußt hatte, daß sie keinen alkohol trank, schloß auch aus, daß sie schweinefleisch aß. oh, sagte sie da leise und kicherte und machte sich auf den weg nach draußen, mein kopftuch! es scheint, ich habe es zu hause vergessen.

über vorsicht

fahr mit, hatte sie sagen wollen, fahr doch mit nach süden für diese eine nacht, und hatte, während sie dachte, daß es das war, was sie sagen wollte, aus dem fenster gesehen auf die landstraße, auf platanen und linden, die vorbeirauschten, und ihn gefragt, was er morgen zu arbeiten habe oben im norden, und er hatte erzählt, was er morgen zu arbeiten haben würde, und sie hatte genickt und weiter aus dem fenster gesehen und wieder überlegt, ob sie es nicht tun sollte, ob sie nicht einfach gegen seine nordarbeit des folgetags eine fahrt in den süden vorschlagen sollte, und war ausgestiegen am bahnhof und hatte sich nachts im südhaus gefragt, wer sie gewesen wäre, wenn sie *fahr mit* gesagt hätte, und hatte über vorsicht nachgedacht und darüber, wie verändert dinge sind, wenn man sie nicht zum ersten mal tut.

daß sie hier steht

der reporter lächelt. sie ist im richtigen alter dafür, daß der reporter lächelt und nickt und ihren blick verloren nennt. genaugenommen hat er verlorene augen gesagt, aber das mit den augen ergibt keinen sinn. er meint ihren blick, der berührungslos über die welt zieht. so einen blick hat sie: der streift über die dinge, bleibt an nichts hängen, läßt nichts nach innen. läßt auch nichts nach außen. sie ist genau im richtigen alter dafür, daß der reporter nickt und lächelt und verlorene augen sagt und sofort die kamera zückt. es ist die kombination. daß sie hier steht. wie sie hier steht. daß niemand sie schützen wird. daß sie das weiß. daß er das weiß. und das donnern hinter der raststätte. ihr blick fällt durch die linse in die kamera. der reporter drückt ab. er lächelt. er sagt: du hast verlorene augen, mädchen.

was ehe ist

ich habe nachgedacht, sagt er, sieht auf den tisch, auf seine hände, räuspert sich. wir können alles machen. er sagt es genau so, er sagt: alles machen. außer – du weißt schon. bricht ab, räuspert sich wieder. außer, na ja, außer das allerletzte. er nickt, als er es sagt, betrachtet jetzt seine knie. wenn ich sagen kann, ich meine, sagt er, falls sie es doch herausfindet, wenn ich dann sagen kann, wenn ich beschwören kann, wenn ich, ohne zu lügen, beteuern kann, daß ich nicht mit dir. er nickt wieder. dann ist es nicht so, du weißt schon, nicht so schlimm, verstehst du? das verge- hen. er sagt tatsächlich: vergehen. es ist dann nicht wirklich von bedeutung, nicht ganz so gravierend. dann läßt sie es irgendwie durchgehen. aber alles andere, ernsthaft, alles andere können wir machen. wenn du einverstanden bist, natürlich.

bücherwärts

denke, daß der mond nicht zur stimmung paßt. habe herausgefunden, daß er ole heißt. nicht der mond, sondern der typ, der immer das gleiche buch unterm arm trägt, das ich gerade lese. beginne ich ein neues, hat er sein exemplar am nächsten tag dabei. er liest im bus, wo ich ihn mühelos und unauffällig beobachten kann. heute setze ich mich neben ihn, hole mein buch aus der tasche. ich öffne es nicht, sondern lege es auf den beinen ab, titel himmelwärts, und denke diesmal fast ärgerlich, daß der mond nicht zur stimmung paßt. aber ole lächelt. ich dachte, sagt er leise, am besten ginge es bücherwärts. was? frage ich. dich anzusprechen, sagt er. ole, heißt das, lüftet das rätsel nicht, lüftet aber ein anderes. und ich denke mit einem mal, daß der mond vielleicht doch ...

glück
(für juschka)

als der text im raum stand, wurde er endlich zum hindernis. es hatte eine weile gedauert, bis ihm die sache mit dem im-raum-stehen gelungen war. auf ihren feinen blättern sind texte von natur aus eher zweidimensional, weswegen sie es mit räumlichen angelegenheiten schwer haben. die windtänzerin hatte es dem text aber so angetan, daß er alles versuchte, um ihre aufmerksamkeit zu erregen. und nun, da er ein hindernis geworden war, ging sie tatsächlich um ihn herum, legte eine hand auf ihn und lächelte. sie wußte sofort, daß er sie liebte. und sie wußten beide, daß sie ihm das herz brechen würde, denn texte sind nichts für die wind-tänzerin: sie liebt den regen und die wirklichkeit. da er aber nun einmal da war und da er sie nun einmal liebte, bewegte sie sich langsam, geschmeidig und zielsicher auf sein herz zu. der text knisterte und raschelte vor glück und war klug genug, nicht an morgen zu denken.

stern

h segelte ruhig durch die nacht. er maß den himmel aus: zenitweit. der himmel aber war, was er immer gewesen ist: nichts weiter als ein zufluchtsort in den köpfen der menschen. h also segelte ruhig durch die nacht und maß ein refugium der menschheit aus. dieses segeln und auch das ausmessen, das eigentlich ein palpieren und umrunden und eintauchen war, es bereitete ihm ein klingendes vergnügen, das er gern mit jemandem geteilt hätte. er öffnete die augen und blickte sich um. erst kam der pistazienvogel. er schwirrte aber nur schnalzend vorbei. dann kam ein engel. doch der schwieg. als ich kam, hielt h die augen schon wieder geschlossen. mir gefiel dieser blick: nach innen gerichtet. und so hab ich ihn dann auch geküßt: von innen. da wurde ein stern geboren.

nur so

blicklos und still ist mein fliegen. meine augen: unterm spitzahorn begraben, meine ohren: an der linde, mein mund: bei der platane. vom ahorn: zwei flügel. von der linde: das echolot der fledermaus. von der platane: eine karte, landkarte aus rinde, in braille. nur so, sagt der geist im apfelbaum, kommst du an seine tür. und wenn er *seine* sagt, meint er deine: an deine tür. an deine. deine. nur so kommst du übers wüste land, wo die sonne jedem menschen die augen aussticht. nur so kommst du übers brodelnde meer, das jeden, der segelt, verschlingt. nur so kommst du über den fluch der versprechensfee hinweg, die jeden mit worten verwirrt. seit tagen: nichts weiter als fliegen, blicklos und still. und was wirst du sagen, wenn ich klopfe? wenn ich endlich an deine tür klopfe: ohne augen, ohne ohren, ohne mund.

niederlage

daß ich mich niedergelegt habe. nein. daß jemand mich niedergelegt hat. daß jemand etwas getan hat, und dieses tun mein niederlegen zur folge hat. nein. daß jemand etwas getan hat, gemeinsam mit mir getan hat, und dieses tun, dieses gemeinsame tun mein niederlegen zur folge hat, mein niedergelegtsein, und sein fortwährendes stehen oder sitzen oder jedenfalls sein fortwährendes nicht-niedergelegtsein. das ist erstaunlich. niedergelegt von seinem tun und von meinem und von unserem gemeinsamen tun, regt sich in mir kein einziger ton. nur dieses seltsam hohle gefühl in der magengegend und eine brennende frage. daß tun ab jetzt nicht nach oben und unten ausgerichtet sein, nicht mit liegen und stehen zu tun haben soll, daß tun eine neue richtung haben soll, daß es sich nicht in niederlegen auflösen soll, egal wessen: wie kann das gehen?

zurückwerfen

schlägt über. schlägt über ihm zusammen. wie gekreuzte strömungen schlägt das leben über ihm zusammen und birgt in diesem einen, grell leuchtenden moment die gefahr, die gekreuzte strömungen immer mit sich bringen: wenn er die arme streckt, um zu schwimmen, wenn er den kopf hebt, um zu atmen, wenn er die augen öffnet, um zu sehen, wird das meer ihn erst ertränken, dann zerschmettern. an land kommt er nur wieder, wenn er sich ausliefert, wenn er sich der übermacht hingibt, der meeresmacht. es ist die größte unter den aufgaben. nicht schwimmen, nicht heben den kopf, um an luft zu kommen, nicht öffnen die augen, um zu sehen. nichts tun, vertrauen: sich ins leben zurückwerfen lassen.

ansehen
(für elli und für ole)

sieh mich an, sagt elli. ole sieht auf den stift in seiner hand. sieh mich an, sagt elli. ole sieht auf die leere seite im skizzenblock. sieh mich an, sagt elli. ole geht auf den balkon eine rauchen. elli geht am verteilerkasten vorm schulhof vorbei. am ende der sackgasse biegt sie rechts ab, setzt sich in die schaukel auf dem spielplatz und sieht der straßenbahn zu, wie sie anhält, licht in die nacht streut, die türen geschlossen läßt, weil niemand aussteigen will. sieh mich an, flüstert elli. aber die straßenbahn ruckt nur kurz und fährt weiter. dann steht ole neben dem efeuüberwachsenen zaun an der straßenecke. dann kommt er heran. dann legt er den ganzen sand-kasten mit ellizeichnungen aus, und die rutschbahn und die wippe. dann kniet er im sand und sieht elli an. weil es ihr so wichtig ist, daß er sie ansieht: mit den augen.

nofretete persönlich (für martin)

heute kam mauze an die küchentür. sie schnurrte kurz, kratzte, als wir nicht sofort öffneten, leise am holz, stolzierte schließlich durch die nun aufgezogene tür herein wie nofretete persönlich, ignorierte uns vollkommen abgrundtief komplett, schritt langsam durch unsre unterm tisch ausgestreckten beine hindurch zum wassernapf, rümpfte kurz die nase, weil er so gut wie leer war, trank ausgiebig, nachdem wir ihn, geplagt von schlechtem gewissen, gefüllt hatten, strich dann um den ofen, schnurrte erneut, jagte siebzehn sekunden lang ein unsichtbares etwas unter der spüle und sprang endlich mit einem einzigen eleganten satz auf deinen schoß. und als rené hereinkam, um sich einen mitternachtsimbiß zu bereiten, sagte er leise: na ihr drei?

lösung

aufwachen: augen schließen, horchen. immer dem ohr nach durch äste und blätter und knapp, ganz knapp entlang der unsteten grenze von wasser und luft. nur noch geschwindigkeit. nur noch echolot und tiefe und höhe und wiegen und wenden. und die augen beharrlich geschlossen. verschwinden: nachtig sein und fern. mich warm und fest in dunkles hüllen. schweigen. wie manche schiffe auf manchen meeren: plötzlich verschwunden sein, vom wasser verschluckt, vom leben. gegangen sein. wenn ich aufwache, schließe ich die augen und fliege immer dem ohr nach, knapp, ganz knapp unter mondsilber, durch den grauen apfelbaum, übers pantherfarbene feld, roggenfeld, und werde unter allen rufen nur noch die hören, die sonst kaum einer hört: fledermauslösung.

frosch (für rené)

nachts im wald einen frosch getroffen. ihn nicht als das erkannt, was er war, alldieweil er völlig bewegungslos vor mir auf dem weg saß. in der dunkelheit angenommen, er sei ein mittelgroßes platanen-blatt, obwohl, was mir später erst einfiel, nur buchen, birken und kiefern dort wachsen. gemächlich weitergegangen. mich erst zu tode erschreckt, dann wie ein kind gefreut, als er, nur bruchteile von sekunden, bevor mein stiefel ihn zerquetscht hätte, in größter eleganz und gelassenheit schräg an mir vorbeihüpfte und im noch dunkleren unterholz verschwand. ein mißverständnis blitzschnell aufgeklärt. zwei wirklichkeiten mühelos ineinandergeschmiegt.

die zweite stille

wind in den weiden und der mond pudert federlicht auf die blätter. wind in den weiden und ich lausche dem klickern der äste. in dieser nacht bin ich endlich wach. in dieser nacht sehe ich euch endlich. in dieser nacht glaube ich euch endlich: ich bin ein teil vom ganzen. nicht außen: innen. nicht ohne: mit. wind in den weiden und in dieser nacht ist die welt ein ort geworden. meine füße auf taufeuchtem gras. meine hand in deiner. wind in den weiden und in dieser nacht war die zweite stille das geschenk. es ist immer die zweite stille, die spricht. die erste öffnet die tore. wind in den weiden und der mond pudert weißgold aufs feld. wind in den weiden und ich lausche aufs quellzeitfließen überm bach. wind in den weiden, und ich habe nur dreiundvierzig jahre gebraucht für dieses eine erwachen ins ja.

zu früh

daß frau bremer doch nicht starb, blieb lang noch gespräch in der nachbarschaft. daß max kreining, der bauarbeiter, der ihr den balken aus über fünfzehn metern höhe auf den kopf hatte fallen lassen, sich nur zwei monate später mit frau bremers enkelin verlobte – er hatte sie wiederholt bei der alten dame im krankenhaus getroffen –, erfuhr man erst kurz vor der hochzeit. sie wurde im folgejahr gefeiert, als nämlich frau bremer, bis auf eine häßliche, von ihr wie ein stolzes zeichen ihrer untotbarkeit getragene narbe auf der stirn, wieder vollkommen hergestellt war. vierzehn jahre später starb frau bremer dann einen entspannten tod im eigenen bett. im keller fand man einen sarg, gezimmert aus brettern von maxens balken. der balken hatte zwei aufgaben, stand im testament, für die zweite ist es damals noch zu früh gewesen.

augenhöhe (für tilman)

erinnerungssplitterregen: das ist kein wort, sagt er und legt den stift zur seite und hält den kopf sehr gerade dabei. erinnerungssplitterregen, wiederhole ich, was er gesagt hat. und obwohl sie dorthin gehört, lege ich meine hand nicht an seine wange, tröstend und warm, damit er sich daran erinnert, wer er ist, und daran, daß er mich nicht braucht für seine wörter. ich tue es auch für ihn. ich tue es vor allem für mich: ich lege meine hand nicht an seine wange, weil ich ihn auf augen-höhe brauche. damit er seine hand beim nächsten mal nicht an meine wange legt, obwohl sie dorthin gehört, und mich also daran erinnert, daß ich es allein kann. ich brauche ihn auf augenhöhe, damit er neben mir steht und mir zeit gibt, wenn ich es bin, die beim nächsten mal den stift hinlegt und sagt, daß ein wort kein wort ist.

am strand

enttäuschen kann man immer nur sich selbst, sagt er. sie sieht erst zu boden, dann aufs meer hinaus. wenn man enttäuscht wird, hat man sich vorher getäuscht, verstehst du? man hat sich selbst getäuscht, sich selbst hinters licht geführt, sich etwas vorgemacht und in die eigene tasche gelogen, so ist das. er nickt, wie um seinen worten noch mehr gewicht zu verleihen. und deshalb, sagt er schließlich, ist jeder für seine eigenen enttäuschungen verantwortlich, der andere hat damit nichts zu tun. in der salzluft oben, sonnennah, zieht der langgezogene schrei eines wasservogels über die beiden hin. sie holt ihren blick wieder zurück, richtet ihn auf eine muschel im heißen sand, auf ihre zehen, auf seine, schaut schließlich zu ihm hoch, streicht ihm über die wange mit der ganzen hand und geht.

immer noch nicht auskennen

wie wir um die eine frage kreisen, ohne sie zu stellen. immer, wenn sie aufscheint, sehen wir zur seite und schweigen und lächeln und streichen strähnen hinter ohren, du kurze hinter deine, ich längere hinter meine, und vergraben die hände in hosentaschen und die augen hinter gleich wieder nach vorn gefallenen strähnen und schweigen uns in den himmel und in die gedämpfte musik und ins gemurmel der leute vom nachbartisch, und dann reden wir wieder über bücher und sehen ernst in die kaffeetassen, die leeren, und ich weiß einfach immer noch nicht, wie man das macht. ich habe noch nie auf diese weise eine strähne hinters ohr gestrichen und noch nie durch solch ein fenster gesehen, aber vielleicht: kennst du dich da besser aus?

doch nicht verflogen

der engel sah sich um. unter ihm ein meer aus nachtschattendächern. er hatte sich wohl verflogen. aus einem kirschbaum tönte das schlaftrunkene zwitschern einer amsel zu ihm herauf. dann sah er sie. doch nicht verflogen, dachte er zufrieden und schickte den nächtlichen gestalten gelassenheit. nah beieinander standen sie im garten schräg links unter ihm, ohne sich zu berühren: sie wendete den kopf zur seite, er stand bewegungslos. der engel lauschte ihren seelen und lächelte. sie ging langsam zur straße. der zurückblieb, sah ihr nach, bis sie verschwunden war im dickicht der häuser. seine zigarettenspitze glomm auf. der kirschbaumgeist grinste breit nach oben. morgen werden sie endlich verstehen, murmelte er. der engel nickte, schickte dem baumgeist ein kichern und drehte ab.

strichdesign

großraumabteil. tisch. felder in striche zerlegt. grün. gelb. braun. als stopper nur kirchturmspitzen, ab und an eine kuh. der letzte hirte kam hier neunzehnhundert-sechsundfünfzig vorbei. blauer himmelsblock. zwei wolken: grau. was ist eine kuh. bahnhöfe in striche zerlegt: backsteinstriche, zinnoberrot. als stopper nur ortsna-men. schild: blau, buchstaben: weiß, marinegestreift. das kind ist elf monate alt. einmal alle vier minuten muß es den mund öffnen, den schnuller hergeben, oster-kranzstücken in sich aufnehmen, sabbern, kauen, schlucken. auch wenn es schreit. die frau zum kind in striche zerlegen: fettstriche. lenorstriche. ökopullistriche. ge-sundewangenfarbestriche. selbstzufriedenheitsstriche. als stopper nur sprech-blasen. was ist ein hirte. was ist ein schaf. und waldstriche: tannengrün. buchengrau.

wiederholen

der strich ist weiß auf dunklem grund und gebogen, eher elliptisch als kreisrund. er verliert sich weiter vorn im nebel. ich drehe mich um: der strich ist weiß auf dunklem grund und gebogen, eher elliptisch als kreisrund. er verliert sich weiter hinten im nebel. ich laufe auf dem strich entlang. manchmal drehe ich mich um und laufe in die entgegengesetzte richtung. ich setze einen fuß vor den anderen auf den strich, und die biegung und der nebel und der grund und die füße und der strich und die biegung und der nebel. manchmal höre ich stimmen, dringen gerüche an meine nase, kommt es mir vor, als zögen bilder rechts und links vorbei, dann holt mich der strich wieder oder ich hole ihn und setze einen fuß vor den anderen und laufe auf dunklem grund, tendenziell elliptisch, richtung nebel.

keine | chance

in der neuen wohnung lebten drei wichtel, ein minitroll und zwei feen. merle lernte sie gleich am ersten tag kennen. sebastian, dem sie die sechs kurz darauf vorstellte, fand, sie habe eine blühende phantasie. die feen flogen beleidigt aus dem fenster, die wichtel sahen betreten zur seite. der troll aber gab ein geräusch von sich, das wie eine mischung aus zischen und rülpsen klang, nahm anlauf und sprang mit gezücktem holzstab, so groß und spitz wie ein zahnstocher, auf sebastians linken fuß und trieb ihm die waffe tief ins fleisch. merles neue bekanntschaft schrie leise auf. beim frühstück war sie einsilbig. als er fragte, ob sie sich wiedersehen könnten, gab sie eine ausweichende antwort. was für ein langweiler, dachte sie, nachdem er fort war, und winkte die feen herein, die auf dem fensterbrett schiffeversenken spielten.

singt wieder
im traum

noë steht im eis. sie lauscht dem wort. ich weiß nicht, wie sie dorthin gekommen ist. aber so ist es: sie steht im eis und lauscht dem wort. ich kann es nicht hören, ich spüre nur, daß es da ist, sehe es an noës geschlossenen augen, ihrer entspannten stirn, dem kaum wahrnehmbaren tasten ihrer fingerkuppen durch die trockene, kalte luft. noë tut solche dinge. sie stellt sich ins eis. sie tanzt auf feuer. sie rast mit sternschnuppen um die wette. sie lebt nicht gegen die angst, nicht für sie, nicht mit ihr. ich will ihr meine langsamkeit schenken. sie schüttelt den kopf: ernst, heftig. das ist deine arbeit, sagt sie. also stehe ich bei ihr, am eis, am feuer, unter sternklarem himmel, und gebe ihr halt. sie braucht ihn nicht wirklich. sie käme auch ohne ihn aus, aber die arbeit geht ihr seitdem leichter von der hand, und nachts, den kopf auf meiner schulter, singt sie jetzt wieder im traum.

raubtier

die art, wie sie den blick über die schulter wirft. jedesmal erwarte ich, daß sie faucht. sie tut es nicht. sie schweigt. wir verständigen uns nahezu wortlos. das heißt, ich spreche schon ab und zu noch. else legt nur den kopf schräg oder nickt oder zieht die oberlippe an oder legt die stirn in falten oder fährt mit den fingernägeln über ihre jeans. es fing plötzlich an. als ich sie bat, wieder mit mir zu sprechen, entdeckte ich ihr neues lachen. wie elektrische wellen aus dem äther. sie hat sich mir geraubt. ihre rache für vorher. ich weiß das. sie hat die rollen vertauscht: jetzt jagt sie mich. jetzt fletscht sie die zähne und gräbt sie tief in mein fleisch. jetzt bin ich es, der jedesmal fast drei wochen braucht, um sich von der liebe zu erholen. else ist ein raubtier geworden.

nacht, also dunkel

es war nacht, als der blätterfisch durch meine wohnung schwamm. es war nacht, also dunkel, und wir wußten beide nicht recht, was tun. ein paar goldfarbene blasen schwebten um uns her, sonst geschah lange nichts. dann entblätterte er sich. ich richtete den blick zu boden, sah in die ecke hinter dem kleinen holztisch und wartete. noch nie hatte sich ein blätterfisch vor mir entblättert. abgesehen davon, daß ich unsicher war – was erwartete er wohl von mir? –, war ich mir auch nicht darüber im klaren, was dieses, sein entblättern, in mir ausrichten würde. mit anderen worten: ich war verschämt und vorsichtig. die entblätterung nahm einige zeit in anspruch. dann schwamm er fort. ich hängte seine blätter an meine wände. sie sind leer. sie schimmern. immer noch ist nacht, also dunkel. jetzt übe ich wändelesen.

rappelt sich

jeder zeit ihren ort, denn orte sind unstet. jedem ort seine zeit, denn zeit ist gefräßig. sie einverleibt sich, was um sie ist. ort unstetet. und wir? wir rasen. zwischen zeit und ort und leib rasen wir und rasen. und leib quält sich und zeit frißt und ort unstetet, und wir fallen zwischen zeit und ort und leib. und dann bleibt einer stehen. was ist das: wenn einer stehenbleibt. da ist dieser eine, der steht, und der unstete ort rüttelt an ihm, und die gefräßige zeit knabbert ihn an, und der gequälte leib? atmet auf. dann fällt der, der stand, und die zeit frißt den ort und der ort unstetet den leib und der leib quält den, der gefallen ist. aber er, er rappelt sich wieder auf. und wandert. und wenn es ihm paßt, bleibt er stehen. und fällt wieder. und rappelt sich wieder auf: es sind nur der ort und die zeit, die gefräßig sind, unstet und in eile.

allerweltsbild
in der zeitung

er ist elf, vielleicht zwölf. er ist im besitz eines schmächtigen körpers und schütterer haare. er zählt noch drei eckzähne sein eigen. weil er so klein ist, rufen die anderen ihn oft mit mädchennamen. er stört sich nicht mehr daran, läuft durch häuserschachtschatten, in windkanälen zwischen den wohnsilos. den kopf hält er gebeugt, die augen weit offen. ein beutel hängt ihm quer über die schulter. er klaubt dinge vom boden, sammelt sie darin. manche wird er später zu geld machen. ein hund rennt auf ihn zu, bellt laut. der junge geht einen schritt, tritt aus dem foto, hebt den blick. sein lachen füllt das gesamte gesicht aus, das er dem hund jetzt entgegenstreckt. sie laufen um die wette. später trifft er die anderen unten am hafen. sie lachen viel. sie teilen das essen. der hund schläft an seiner seite.

wofür er sich schämt

den einen und den anderen hunger: es gibt sie beide. der eine ist ihm ins gesicht geschrieben. sein blick, seine brust, seine hände, sie knurren vor hunger. daß er eher klein ist, bemerke ich kaum. auch nicht die farbe seiner haare, den klang seiner stimme. nur sein hungriges gesicht, auf anhieb, fast schmerzlich. wie lange? die frage biegt sich in mir zu einer schleife, endlosschleife. wie lange darbt deine haut schon berührungslos? er beugt ihn in richtung boden, den hunger, schämt sich für ihn: schämt sich. ich soll nicht sehen, daß er braucht, was jeder braucht. wenn er aufsähe, wenn er sich aufrichtete, hungrig bis ins mark. wenn er zu seinen händen stünde, zu seiner brust, seinem blick, aufrecht, aufrecht. aber er sieht zu boden, biegt alles, wofür er sich schämt, blickfest auf den asphalt. und meine zeit hier ist abgelaufen.

37

gedruckt

---

oder nicht gedruckt

paul, sagte ben, du? du schreibst über die liebe? paul antwortete nicht. er saß auf dem balkon und schrieb. manchmal ging er in die küche um ein glas wasser, tee oder wein. manchmal ging er ins bad oder für ein paar stunden ins bett, aufs sofa. ben blieb schließlich aus. paul schrieb, schlief, trank. dann war das buch fertig und er betrachtete drei wochen lang den abendhimmel überm balkon. irgendwann läutete es. er wendete nicht einmal den kopf, sah zum stummen telefon, wartete weiter auf den anruf des verlags. es läutete wieder. jetzt stand er doch auf, ging zur tür, lauschte. beim dritten läuten gab er schließlich nach. vor der tür stand klara. aber du bist aus meinem buch, sagte paul verwundert. klara lächelte. und am ende, sagte sie, kriegen sie sich, gedruckt oder nicht gedruckt. das wirst du ja wohl nicht vergessen haben.

betrachten

wir kennen sie von den rauchpausen auf ihrem balkon. die beiden kennen uns vom esstisch in unserer küche, den sie vom balkon aus gut sehen können. die höfe zwischen unseren wohnungen sind zu weitläufig, als daß gesichter erkennbar wären. wenn wir uns zur gleichen zeit auf dem balkon und am küchentisch befinden, betrachten wir uns deshalb scham-los: sie uns, wir sie. manchmal kommt ein kleines kind zu ihnen heraus. einmal haben wir eine ältere dame gesehen. nachts steht er stundenlang in der dunkelheit und betrachtet den himmel – auch wenn er bedeckt ist. sie kommt nie dazu. wir sitzen bei kerzenlicht in der küche. wir betrachten ihn, wie er allein den himmel betrachtet und weiß, daß wir ihn betrachten.

fensterversuchung

eine wolke vor meinem fenster, die mir sämtliche sicht versperrt. seit einem jahr hängt sie dort nahezu ununterbrochen, läßt sich nur kurz mal fortpusten, kehrt aber unweigerlich bald wieder zurück. ich habe also verhandlungen aufgenommen, wolke-mensch-verhandlungen sozusagen. die welt langweile sie, erklärte mir die wolke, viel lieber sähe sie in mein fenster hinein. als entschädigung für einen verzicht auf dieses vergnügen müsse ich schon einiges bieten. schließlich einigten wir uns auf meinen garten. neben dem balkon darf sie sich jetzt niederlassen, wann immer sie will, und – das ist neu – gründlich ausregnen, täglich von sechs bis acht am morgen, wenn ich noch schlafe. zur zeit hält sie sich daran. gestern nacht habe ich sie aber dabei er-tappt, wie sie kurz um die ecke lugte. es scheint, mein fenster bleibt ihre versuchung.

schrammen

mit der stille nach dem sturz kam ruhe, kamen gleichmaß und weite. der vogel war der vogel. das haus war das haus. rückwirkend einigten wir uns darauf, daß der sturz ein teil des wegs gewesen sei, daß er eine art kathartischer schritt, ein unerläßlicher, in die richtige richtung, daß er also: richtungweisend gewesen sei. wir haben uns auf eine erfolgsgeschichte mit schrammen geeinigt. welche geschichte hätten wir erzählt, wenn ich nach dem sturz nicht wieder ich gewesen wäre, wenn der vogel ein drache geblieben wäre und das haus die hütte am kreidefelsen, in der wir so lange lebten? wohin ist der drache verschwunden? wer löscht jetzt das licht in der hütte, das eben noch brannte? ist es das, was wir wollen: eine liebe, in der ein vogel ein vogel ist und ein haus ein haus?

stadtloch
(für andi)

die stadt hat ein loch. es wird nicht größer, es verschwindet nicht. er spürt es in seiner wohnung, auf der arbeit, beim spazierengehen. täglich läuft er hin. es ist breit, tief, mit sumpfigem, graubraunem wasser gefüllt, aber außer ihm scheint es niemand zu bemerken. als läge an seiner stelle ein blumenbepflanzter kreisverkehr, machen die menschen einen bogen um das loch. gestern hat er sich ein boot gekauft, ein kleines. heute nacht beginnt er. er trägt das boot zum loch. er läßt es zu wasser, steigt ein. er wird hier schlafen ab jetzt. auf diesem graubraunen tümpel mitten in der stadt, an der stelle, wo früher dein haus stand. wenn die stadt schläft, wird er dich rufen in seinen träumen. er wird dir sein herz schicken, nacht für nacht. und warten. und an dich glauben. an euch.

bestehen

wenn ein lichtbalken angehoben und senkrecht gestellt wird und wenn außerdem ein stechbeitel zur hand ist und ein mensch mit geduld und halbwegs intakten muskeln, dann lassen sich stufen in ihn hineintischlern. anschließend ist es möglich, hinaufzusteigen, die lichtbalkenleiter nach oben zu klettern, klettern, bis jakob dort steht. er trägt ein rostrotes, safrangelbes gewand. seine haut leuchtet dunkel gegen das licht der leiter. er schaut ernst. er schüttelt den kopf. er zeigt nach unten. du bist zu früh und an der falschen stelle, sagt er. ein lichtbalken ist ein lichtbalken, keine leiter, sagt er und: man klettert nicht einfach in den himmel, nur weil man gerade lust darauf hat. aber er hat vollkommen unrecht: ein lichtbalken ist sehr wohl eine leiter. darauf bestehen, auch auf der leiter und auch gegen jakob persönlich.

ins haar gewebt

meine tante hieß helen. ihr bruder, mein vater, nannte sie schneeigel, und weil er es tat, taten es auch meine mutter, die schwester meiner mutter und deren mann, kurz: alle erwachsenen um mich her nannten tante helen schneeigel. nur für mich war sie tante helen. als ich neun war, traute ich mich endlich, sie zu fragen. tante helen, was ist ein schneeigel? es dauerte einen moment, bis sie begriff, daß ich solch ein tier noch nie gesehen hatte und also nichts wissen konnte von seinen stacheln, die so weiß sind, wie ihre haare es waren. ein schneeigel, sagte sie schließlich, ist ein mensch, dem die mutter maria ein leuchten ins haar gewebt hat, damit die verblendeten ihren weg durch die finsternis finden. das ist ein schneeigel, mein kind. danach betete ich täglich, daß die mutter maria tante helen noch lange am leben lassen möge. ich würde ihr leuchten oft brauchen, dessen war ich mir sicher.

keineswegs tautologisch

tage, an denen ich zum füller greife, nur um zu schreiben. das klingt tautologisch, ist es aber nicht. *nur um zu schreiben* meint keinen inhalt, meint ledig-
lich die physische tätigkeit: das aufschlagen des hefts, das abschrauben der
füllerkappe, das nachfüllen der tinte aus dem kleinen glasfaß, das zurückgeben
eines tropfens, um ein überlaufen der tintenkammer zu verhindern. dann das
klackern beim wegstellen des fässchens auf den tonteller neben dem fenster,
das schaben der feder übers papier, das langsame sichtbarwerden blauer
buchstabenketten auf hauchdünnen, grauen linien, meine handschrift, wie sie
eine um die nächste seite bedeckt, und die freude, die mich bei all dem durch-
dringt. tage, an denen ich tatsächlich nur zum füller greife, um zu schreiben.

höllentage
(für ken yamamoto)

heimat wie ein messer im rücken. schon seit tagen: hölle. ein guter ort. der richtige ort. man sollte immer am rechten ort sein. die hölle ist der rechte ort, wenn
ich die heimat wie ein messer im rücken trage. das tue ich beileibe nicht immer,
aber es gibt diese tage. natürlich ist viel blut im spiel. natürlich dominieren die
farben schwarz und rot. hölle: enttäuschend erwartungsgerecht. es tut gut, hier
zu sein. wenn die knochen blank liegen. wenn die ohren bersten. vorbei ist es
jedesmal sehr plötzlich: ein metallisches klappern, im getöse rundum kaum
hörbar. das messer erst irgendwo auf dem boden, dann verschwunden. an ge-
wöhnlichen tagen, draußen in der welt, bin ich heimatlos. es sind die höllentage,
die mich erinnern: meine heimat hat nur eine heimat, das messer im rücken.

wurzel, chancenlos

er hatte sich an das schummerlicht gewöhnt, an die feuchte luft und den husten. er war so lange nicht mehr draußen gewesen, hatte so lange die fensterläden nicht mehr geöffnet und sich von leitungswasser und mais aus dosen ernährt, daß er sich nicht wunderte, als irgenwann ein riß im boden entstand, weil die kräftige wurzel eines baumes sich in sein zimmer bohrte. er verbrachte seine tage damit zu beobachten, wie die wurzel langsam, aber stetig auf das spärliche licht zuwuchs, das durch die fensterläden fiel, bis sie sich eines tages den weg durch das morsche holz eines der läden brach: wurzelarbeit. er schüttelte den kopf, wartete auf die nacht, stahl bretter, nägel und eine säge vom hof nebenan, ging zurück ins zimmer, durchtrennte das lichthungrige holz und nagelte das loch zu. er hatte seine entscheidung vor vielen jahren getroffen, es gab nichts zu überdenken an ihr.

feuer

zurückgeworfen, durch einen brand im haus gegenüber, in eine nacht, die nicht mehr in ihr sein sollte: wieder lodern flammen, schwitzt altes dielenholz allerletzte feuchtigkeit aus, schmilzt der durchlauferhitzer im bad, der kleine, metallene, zu einem gigantischen tropfen. wieder splittert glas aus rahmen, wieder steht sie stocksteif und sieht zu, wie die welt sich in rauch verwandelt. wieder weiß sie zum ersten mal im leben nicht, warum weiterleben, wenn der nachbar also fand, es sei das rechte ding: ihre wohnung mit feuer zu schmücken. das bitzelt und britzelt so schön, wird er gedacht haben, da kriecht das ungeziefer aus den löchern. und in der tat: auf den balkon war sie gekrochen, die katze im arm, und hatte zugesehen, wie zuhause keinen sinn mehr ergab. und sollte wirklich nicht mehr in ihr sein.

klänge (für marlene, luzinha und christo)

draußen ein einzelner rabenruf aus wintergeäst. drinnen kugeln: fünfzig winzig kleine aus eisen, oben auf der steintreppe verschüttet, auf ihrem weg nach unten, hüpfend und springend, jede im eigenen tempo, mit eigenem ziel und takt, alle gemeinsam ein großes ganzes. kurz darauf, noch ehe die ersten den hallenboden erreichen, mehr kugeln, perlen, diesmal: hölzern und ein wenig größer, ein wenig leichter, die höher hüpfen, kürzer aufsetzen, weiter springen und die bleiernen überholen. ganz von fern sechs glockenschläge für den abend und aus der küche kaffeezischen in der espressokanne. in all das gewebt dein kinderlachen, händeklatschen. die leise stimme deines vaters. daß du aus mir in diese welt getreten bist. wer ich geworden bin dadurch. wer er geworden ist dadurch. herzweite stille.

regenbogen
(für wombat)

du saßt an einem holztisch, grobgezimmert, auf einer verregneten frühlingslich-
tung, vor dir zwei campingbecher, aus denen kaffeedampf stieg. du lächeltest, wink-
test ungeduldig. ich sollte mich endlich wieder neben dich setzen, dabei war ich
nur kurz aufgestanden, um milch aus dem wagen zu holen. als ich neben dir stand,
konnte ich erkennen, was von ferne wie ein seltsamer schimmer gewirkt hatte: unter
deiner brust schien dein herz hindurch, als läge es frei. es war deutlich zu sehen:
groß und stark. es schlug regelmäßig und leuchtete. der regen verzog sich, und
noch bevor wir den kaffee ausgetrunken hatten, lag die lichtung in leuchtendem
sonnenschein. still und ganz ohne anstrengung war es geschehen. den regenbogen,
der sich über uns spannte, hast du zuerst gesehen. ich hatte nur augen für dich.

buchkampf

sie war begeistert. ein angenehmer zustand: innen wie außen schienen angefüllt. mit geistern eben. flüchtig, wie sie waren, gelang es ihr nicht recht, sie auszumachen. schließlich aber entdeckte sie den schlafenden. er lag seitlich auf keinem boden, schaute ernst. wie kannst du schlafen und schauen zugleich? fragte sie. ich warte darauf, seine stimme klang tief, daß du mich endlich schreibst. er winkte in richtung der anderen. gib sie frei und schreib mich. ich fürchte mich, flüsterte sie. dann laß mich gehen! forderte er. erschrocken sah sie ihn an: wenn du gehst, breche ich zusammen! dann tu endlich deine arbeit, knurrte er, während er sich drohend erhob, und plötzlich waren da der stift und das heft, vor allem aber die kalte angst in ihrem nacken. ein letztes mal sah sie zu dem geist, der sich hinter ihr aufgebaut hatte. dann schrieb sie ihn die ganze nacht hindurch.

die muschel weiß

eine muschel ist eine muschel und ein berg. das hängt ganz von der perspektive ab. eine muschel ist eine mulde, eine schale und ein tal. meerwesen, strandläufer und gericht ist eine muschel. eine muschel liegt auf meinem fensterbrett. rechts und links am kopf habe ich eine. oder im kopf? das weiß nur die muschel. eine muschel umschließt eine perle. solch eine perle schenke ich dir, wenn du in mir bist: reglos für einen atemzuglangen blick. wenn du in mir bist, bin ich eine muschel. eine muschel ist auch ein anhänger, der baumelt in der kuhle am unteren ende des halses, und da sie ein anhänger ist, ist sie auch ein fahrzeug, ein großes auf sechs rädern oder auf acht. und das alles geht immer so weiter und immer so weiter, nur daß die zehn zeilen hier um sind.

weil sie wahr ist (für krappi)

sitzt in meiner küche und erzählt von früher. von einem früher, das noch gar nicht so lang her ist. erzählt von stehenden wellen in städten, in einer stadt, einer der wenigen, in denen es hierzulande so etwas noch gab, von cafés und sonnentagen und seltenen besuchen an der universität. erzählt von den jungs, die damals da waren, die immer noch da sind, davon, daß sie irgendwie in jeder lebenszeit zusammen waren, daß er sich an keinen streit erinnern kann, an keinen wirklichen. sitzt in meiner küche und erzählt lächelnd von einem früher, das eigentlich nach wie vor andauert, ins jetzt reicht und noch lange bestehen wird, also im grunde auch gegenwart und zukunft ist. und ich trinke einen schluck bier und denke, daß das eine der schönsten geschichten ist, die ich seit langem gehört habe, vor allem: weil sie wahr ist.

impressum

edition AZUR ⸻⟶ Dresden
Zweite Auflage ⸻⟶ Oktober 2015

ISBN ⸻⟶ 978-3-9812804-6-3
⸻⟶ www.edition-azur.de

Gestaltung ⸻⟶ Glenn Vincent Kraft, Frauke Wiechmann
Kraft plus Wiechmann – Berlin
Druck ⸻⟶ PBtisk – Příbram, Tschechische Republik

Die Texte in diesem Buch sind – in ihren ursprünglichen Versionen – auf
Sudabeh Mohafez' literarischem Weblog *zehn zeilen – eukapirates versucht
sich an der kleinen form* erschienen [www.eukapi.twoday.net], der 2008 mit
dem isla-volante-literaturpreis ausgezeichnet wurde.

Die Wendung »heimat wie ein messer im rücken« (S. 97) stammt aus
Ken Yamamotos Gedicht »Conquistas« (skzzn. Gedichte. Frankfurt:
James & Warrington, 2008).